MINISTÈRE DE LA GUERRE
7e Direction. — Service de santé. — Bureau des Hôpitaux.

MANUEL
DU BRANCARDIER
MILITAIRE

PARIS
VICTOR ROZIER, ÉDITEUR
Librairie de la Médecine, de la Chirurgie et de la Pharmacie militaires.
26, rue Saint-Guillaume, 26

1882

MANUEL

DU BRANCARDIER

MILITAIRE

***

PARIS. — IMP. Ve P. LAROUSSE ET Cie

19, RUE MONTPARNASSE, 19

***

MINISTÈRE DE LA GUERRE

7e Direction. — Service de santé. — Bureau des Hôpitaux.

MANUEL DU BRANCARDIER MILITAIRE

PARIS

VICTOR ROZIER, ÉDITEUR

Libraire de la Médecine, de la Chirurgie et de la Pharmacie militaires.

26, rue Saint-Guillaume, 26.

1882

PRÉLIMINAIRES

Le service de santé en campagne comprend les services de première, de deuxième et de troisième ligne, complétés par le service hospitalier à l'intérieur.

Le service de première ligne a pour objet l'assistance médicale sur le champ de bataille. Il se divise en deux échelons : le service régimentaire et le service des ambulances.

Le service régimentaire a pour but de relever les blessés, de les mettre à l'abri et de leur donner les premiers secours.

Il est exécuté par les médecins, les infirmiers et les brancardiers des corps de troupe. Les médecins et les infirmiers desservent le poste de secours sur lequel sont dirigés les blessés pour être visités, pansés et ensuite transportés à l'ambulance. Les brancardiers assurent le service de transport entre les lignes des combattants et le poste de secours.

Le poste de secours s'établit dès que la troupe se prépare au combat. Il est placé à la hauteur des réserves de bataillon, dont il suit les mouvements, et abrité, autant que possible, du feu de l'ennemi, en dehors des points ayant une importance stratégique. On peut en former un seul par régiment ou un par bataillon.

L'ambulance divisionnaire est établie à proximité des réserves de la division et à peu près à égale distance des postes de secours. Quand le front de la division est très étendu, l'ambulance est dédoublée et forme deux sections.

L'emplacement des postes de secours et de l'ambulance est indiqué, le jour, par le pavillon de la convention de Genève et le drapeau national ; la nuit, par deux lanternes, l'une à feu rouge, l'autre à feu blanc.

MANUEL
DU BRANCARDIER
MILITAIRE

TITRE PREMIER

ORGANISATION ET FONCTIONNEMENT DU SERVICE DES BRANCARDIERS.

CHAPITRE PREMIER

CONSIDÉRATIONS GÉNÉRALES

1. — Les brancardiers sont chargés, en temps de guerre, de relever les blessés, de les enlever du champ de bataille et de leur donner les premiers soins.

Ils doivent être robustes et habitués à la fatigue, énergiques et dévoués. Exposés, en enlevant les blessés, aux dangers du champ de bataille, et n'ayant ni l'excitation ni l'entraînement de la lutte, il leur faut, plus qu'à tout autre, du sang-froid et le sentiment du devoir.

Ils doivent être, en même temps, adroits, patients et doux. Il est indispensable qu'ils soient exercés au service du transport des blessés et capables de leur donner les premiers secours.

Il faut qu'ils sachent, non seulement se servir des objets de pansement mis à leur disposition et des moyens de transport affectés aux ambulances, mais qu'ils puissent les remplacer lorsqu'ils viennent à manquer et utiliser les ressources qu'ils ont sous la main : improviser des brancards, organiser des voitures pour les blessés, etc.

En campagne, ils s'exerceront à confectionner des attelles, à préparer des garrots, bandages, etc.

CHAPITRE II

ORGANISATION DU SERVICE DES BRANCARDIERS

Devoirs des brancardiers.

2. — Les brancardiers sont divisés en deux catégories : les brancardiers régimentaires et les brancardiers d'ambulance.

Les brancardiers régimentaires assurent le service du transport des blessés entre les combattants et les postes de secours. Les brancardiers d'ambulance sont chargés de l'évacuation des postes de secours. Ils concourent également à l'enlèvement des blessés du champ de bataille.

Instruction théorique et pratique.

3. — En temps de paix, les militaires

appelés à faire partie des brancardiers reçoivent, sous la surveillance du chef de corps, une instruction théorique et pratique, qui leur est donnée par les médecins des corps, avec le concours des infirmiers et des gradés chargés de la surveillance des brancardiers. L'instruction est divisée en 2 périodes : enseignement théorique pendant les mois d'hiver, exercices pratiques pendant la belle saison. Ils sont principalement exercés au transport des blessés et à leur chargement sur les cacolets, les litières et les voitures d'ambulance. Les exercices en terrain varié et les grandes manœuvres sont mis à profit pour compléter leur instruction pratique.

Les élèves brancardiers, en dehors des heures consacrées à leur instruction, sont soumis aux mêmes obligations que les autres militaires.

4. — Lorsqu'ils ont été suffisamment exercés et reconnus aptes au service de

brancardiers, il en est fait mention sur leur livret. A leur passage dans la réserve, ils sont inscrits sur les registres matricules du recrutement avec la même mention.

5. — Rappelés à l'activité pour une période d'instruction, ils sont mis à la disposition des médecins des corps.

Lors de la mobilisation, les médecins s'assurent que les brancardiers venant de la réserve ont une instruction convenable, et ils la complètent s'ils ne la jugent pas suffisante.

Subordination.

6. — Pendant l'exercice de leurs fonctions, les brancardiers sont sous la direction des médecins et la surveillance des caporaux, des sous-officiers et autres gradés attachés au service du transport des blessés.

Ils sont soumis à toutes les règles de la subordination militaire.

CHAPITRE III

FONCTIONNEMENT DES BRANCARDIERS SUR LE CHAMP DE BATAILLE

1° Brancardiers régimentaires.

7. — *Avant le combat.* Lorsqu'un engagement avec l'ennemi est prévu, et que l'ordre a été donné d'organiser le poste de secours, les brancardiers régimentaires s'y rendent par section, sous la conduite d'un caporal ou d'un sous-officier, pour prendre les brancards déposés dans les voitures médicales qui doivent être dirigées sur le même point. Si, en raison de l'étendue de la ligne de combat, on a établi plusieurs postes de secours, les sections sont réparties entre ces divers postes.

Chaque section prend position près de

la voiture du bataillon auquel elle est attachée. A dix pas de la voiture, le chef de la section commande : *Halte,* et dispose la section en bataille.

Les brancardiers, placés sur deux rangs, se numérotent et forment les escouades.

Au commandement de : *Prenez les brancards,* les numéros 1 et 3 de chaque escouade, placés au premier rang, se portent vers la voiture et reçoivent, par escouade, un brancard, une musette et des attelles. Ils montent immédiatement le brancard et reviennent prendre leur place en avant de la deuxième rangée de brancardiers.

Au commandement de : *Préparez-vous à partir,* les porteurs passent les bretelles du brancard sur les épaules et enlèvent les brancards. Les brancardiers de réserve, n°s 2 et 4, se placent à gauche du brancard.

Au commandement de : *Marche,* chaque escouade se met en mouvement et se dirige vers le champ de bataille.

Les brancardiers alternent entre eux pour porter les brancards. Les brancardiers disponibles restent au poste de secours ou sont répartis entre les escouades.

8. — *Pendant le combat.* Les brancardiers relèvent les blessés, sans distinction de nationalité, donnent les premiers secours à ceux qui en ont besoin et les transportent au poste de secours.

Les blessés qui peuvent marcher se rendent seuls au poste de secours. S'ils ont besoin d'être soutenus, ils sont accompagnés par un brancardier qui les débarrasse de leurs armes et de leur sac. Les blessés qui sont incapables de marcher sont transportés sur un brancard, après avoir reçu les soins les plus urgents.

Les brancardiers doivent, en transportant les blessés, les mettre, autant qu'ils le peuvent, à couvert du feu de l'ennemi, en profitant des plis de terrain, des haies, des fossés, etc.

Les brancardiers recueillent, en même temps que les blessés, leurs armes, leurs sacs, qu'ils déposent au poste de secours.

Les morts sont laissés sur le champ de bataille jusqu'à ce que des ordres aient été donnés pour les enlever.

Après avoir accompagné ou transporté un blessé au poste de secours, les brancardiers, à moins d'ordre contraire, reviennent immédiatement derrière les combattants et continuent à opérer le transport des blessés. Ils renouvellent, quand c'est nécessaire, les objets de pansement des musettes et leur approvisionnement d'eau.

Les brancardiers suivent les mouvements des combattants. Si ceux-ci font un mouvement rétrograde, les brancardiers se portent au poste de secours pour évacuer le plus vite possible les blessés sur l'ambulance, en commençant par les moins gravement atteints.

Le service des brancardiers est surveillé par les caporaux, sous-officiers et autres gradés qui y sont attachés.

9. — *Après le combat.* Le combat terminé, les brancardiers explorent le champ de bataille, fouillent les buissons, les fossés, examinent tous les plis de terrain, les maisons environnantes où quelques blessés ont pu être recueillis. Si leurs recherches se prolongent jusqu'à la nuit, ils se munissent de lanternes qui font partie des approvisionnements de réserve de pansement.

Les brancardiers régimentaires peuvent être employés à l'évacuation du poste de secours sur l'ambulance. Si la distance entre ces deux points est grande, on établit, à moitié chemin, un relai où les brancardiers régimentaires remettent les blessés aux brancardiers de l'ambulance, qui leur donnent des brancards de rechange.

Lorsque tous les blessés ont été enlevés du champ de bataille et transportés au poste de secours ou à l'ambulance, les brancardiers déposent dans les voitures médicales régimentaires les brancards et les musettes et rejoignent leurs bataillons respectifs.

Les brancardiers concourent à la constatation de l'identité des morts et à leur inhumation. Avant l'inhumation de chaque homme, le décès est constaté par un médecin militaire, et le jeton d'identité est recueilli avec soin.

2° Brancardiers d'ambulance.

10. — Le service des brancardiers d'ambulance diffère peu de celui des brancardiers régimentaires.

Au moment du combat, les brancardiers d'ambulance sont répartis en autant de fractions qu'il y a de postes de secours à desservir ; et chaque fraction, placée sous les ordres d'un officier d'administration ou d'un sous-officier, se met en contact avec un des postes de secours et en évacue successivement les blessés sur l'ambulance.

Ils renforcent, suivant les besoins, les brancardiers régimentaires, et participent à l'enlèvement des blessés du champ de bataille, pendant et après le combat, ainsi qu'aux inhumations.

TITRE II

SECOURS A DONNER AUX BLESSÉS SUR LE CHAMP DE BATAILLE

CHAPITRE PREMIER

SOINS GÉNÉRAUX

Nécessité de les réduire aux secours les plus urgents.

11. — Les blessés doivent être enlevés le plus rapidement possible du champ de bataille ; on n'a ni le temps ni la possibilité de pratiquer des pansements importants sous le feu de l'ennemi. L'examen méthodique des blessures, les véritables pansements des plaies doivent être exécutés au poste de secours et à l'ambulance. Les médecins, et, sous leurs ordres, les infirmiers sont chargés de cette partie du service. Les brancardiers ne doivent donner aux blessés, avant de les enlever du champ de bataille, que les secours les plus urgents.

Faire boire les blessés.

12. — Presque tous les blessés ont une soif vive, surtout ceux qui ont éprouvé une perte de sang un peu abondante : un des premiers soins des brancardiers sera de les faire boire. L'eau fraîche est la boisson qui convient le mieux sur le champ de bataille ; celle dont on peut le plus facilement s'approvisionner et qui étanche le mieux la soif. Les brancardiers devront toujours en être pourvus.

Lorsque le blessé ne pourra se soulever pour boire, un des brancardiers glissera le bras gauche sous ses épaules et lui maintiendra la tête et la partie supérieure de la poitrine relevée jusqu'à ce qu'il ait fini de boire.

Débarrasser la poitrine et le ventre de toute constriction.

13. — Après avoir été désaltérés, les blessés seront débarrassés de leur sac, du fourniment et de tout ce qui comprime le ventre et la poitrine et peut gèner la respiration. Les brancardiers enlèveront le ceinturon, déboutonneront la capote, dénoueront la cravate et desserreront le pantalon.

Placer les blessés dans une bonne position.

14. — Si le blessé ne peut pas être transporté immédiatement loin du champ de bataille, on le mettra à l'abri du feu de l'ennemi derrière un mur, un arbre, etc.; et on le protégera, s'il en est besoin, contre la pluie et contre le froid en étendant sur lui une couverture.

Quelquefois le blessé est tombé dans un fossé ou couché dans la boue, la face contre terre; il a la tête plus basse que les pieds ou un membre fracturé, dont les fragments déviés déchirent les chairs; d'autres fois, il est pris sous son cheval ou sous d'autres blessés.

Les brancardiers s'empresseront, avant tout, de venir en aide à ceux qui se trouveront dans cette situation et de les placer dans une attitude meilleure. Ils les coucheront sur le dos, la tête élevée et soutenue par un sac, une capote, une couverture, les membres étendus et dans une bonne direction.

Ranimer les blessés.

15. — Lorsque le blessé sera très affaibli par suite de la fatigue, de la privation d'aliments ou d'une perte de sang, le brancardier ranimera ses forces, le réchauffera, s'il est refroidi, par tous les moyens qu'il aura à sa disposition.

16. — Des blessés peuvent être atteints de perte de connaissance et offrir les apparences de la mort.

Le plus souvent le siège et la gravité de la blessure permettront d'affirmer la mort. Dans le cas où il y aurait du doute, le brancardier, après avoir cherché à ranimer le blessé, le transportera le plus rapidement possible au poste de secours.

Moyens pour combattre la syncope.

17. — Le meilleur moyen de combattre la syncope est de coucher le blessé horizontalement sur le dos. On se gardera, ainsi qu'on est trop disposé à le faire, d'élever la tête ; elle devra, au contraire, être abaissée au niveau du sol et être plus déclive que la poitrine. Si cela ne suffit pas, on soulèvera les membres afin de favoriser l'afflux du sang vers le cerveau.

On joindra à la position les aspersions du visage avec de l'eau froide ; on frictionnera les membres et la poitrine ; on excitera la muqueuse des fosses nasales en faisant respirer du vinaigre.

CHAPITRE II

SOINS A DONNER DANS LES CAS D'HÉMORRAGIE

Urgence d'arrêter les hémorragies.

18. — Un certain nombre de blessés succombent sur le champ de bataille à la suite d'hémorragie, faute d'avoir été secourus à temps. Il est donc important, quand la perte de sang qui accompagne une blessure est abondante, de l'arrêter immédiatement.

Caractères distinctifs des hémorragies.

19. — L'écoulement de sang fourni par une plaie est subordonné à des causes diverses, mais principalement au volume et à la nature des vaisseaux divisés. Ces vaisseaux sont les artères, les veines et les capillaires.

Lorsque l'hémorragie est fournie par une artère, le sang, de couleur rouge vermeil, jaillit avec force en jets saccadés, à moins que le vaisseau divisé ne soit placé profondément ou que le trajet de la plaie ne soit étroit ou tortueux. L'écoulement de sang diminue ou même s'arrête si l'on comprime le membre entre la plaie et le cœur.

Dans les blessures des veines, le sang, de couleur rouge brun, sort en bavant ou en jet continu, non saccadé. La compression entre le cœur et la plaie facilite l'hémorragie.

L'écoulement de sang provenant des vaisseaux capillaires se fait en nappe ; il est presque toujours très modéré.

Moyens pour arrêter les hémorragies.

20. — Lorsque l'hémorragie sera peu importante, on appliquera sur la plaie un linge trempé dans l'eau froide, qu'on fixera avec une bande ou un mouchoir un peu serré.

Si le sang coule abondamment, on recourera à la compression, soit directement dans la plaie, soit sur le trajet des vaisseaux principaux du membre blessé.

On exercera momentanément la compression avec les doigts, en attendant qu'on pratique le tamponnement de la plaie ou la compression de l'artère principale du membre, qui devra être faite entre le cœur et la plaie.

Tamponnement de la plaie.

21. — Le tamponnement de la plaie se pratique à l'aide de boulettes de charpie qu'on superpose méthodiquement en nombre suffisant pour la combler et en surmonter les bords. On recouvre la charpie d'une ou deux compresses et le tout est solidement maintenu avec quelques tours de bande, une cravate ou un mouchoir, etc. A défaut de charpie on se sert de coton, de linge, d'amadou, de mousse, etc. Si l'on emploie, pour faire le tamponnement, des substances susceptibles d'irriter la plaie, telles que la mousse, la terre, etc., on pourra préalablement glisser dans la plaie, avec le doigt indicateur, un linge formant une sorte de doigt de gant dans lequel ces substances seront enfoncées.

Compression indirecte.

22. — Lorsque la compression dans la plaie est inefficace ou que l'abondance de l'hémorragie peut faire supposer la lésion d'une artère importante, on a recours à la compression indirecte, c'est-à-dire qu'on comprime l'artère principale du membre blessé entre la plaie et le cœur.

Le moyen le plus simple est d'embrasser le membre perpendiculairement à sa longueur avec un lien fortement serré.

Mais il est souvent impuissant. Il faut agir plus directement sur l'artère. A cet effet, on se sert alors du garrot, du tourniquet à baguettes, qui offrent l'avantage de pouvoir être improvisés sur le champ de bataille.

Compression avec le garrot.

23. — Le garrot se compose : d'un lien (ruban, corde, ficelle, bout de bande, mouchoir, cravate) ; d'une pelote qu'on remplace au besoin par un bouchon, un caillou, une bande roulée ; d'une plaque de cuir ou de corne, à laquelle on peut substituer une planchette, une plaque de ceinturon, ou une compresse pliée en plusieurs doubles ; d'un bâtonnet (couteau, branche d'arbre, etc.).

Pour appliquer un garrot, on détermine d'abord la position de l'artère principale du membre en cherchant ses battements ; puis on place la pelote sur son trajet et la plaque du côté opposé. On fait tenir l'un et l'autre par un aide et on embrasse le membre avec le lien qui, modérément serré, est noué sur la plaque. Le bâtonnet étant engagé sous le nœud, on tord le lien. L'écoulement du sang arrêté, le bâtonnet est fixé, à l'aide d'une ficelle, au lien circulaire (fig. 1).

Cet appareil, plus avantageux pour arrêter une hémorragie qu'un simple lien, a néanmoins l'inconvénient de comprimer douloureusement le membre, d'en amener le gonflement; et il ne doit être laissé en place que pendant un temps peu prolongé.

Compression avec le tourniquet à baguettes.

24. — Le tourniquet à baguettes est formé de deux baguettes résistantes (de 20 à 25 centimètres pour le bras; de 35 à 40 centimètres pour la cuisse), aux extrémités desquelles on a fait une encoche et dont les deux autres extrémités sont attachées ensemble par un lien solide (ficelle, bout de bande ou de corde), de façon à laisser entre elles un écartement

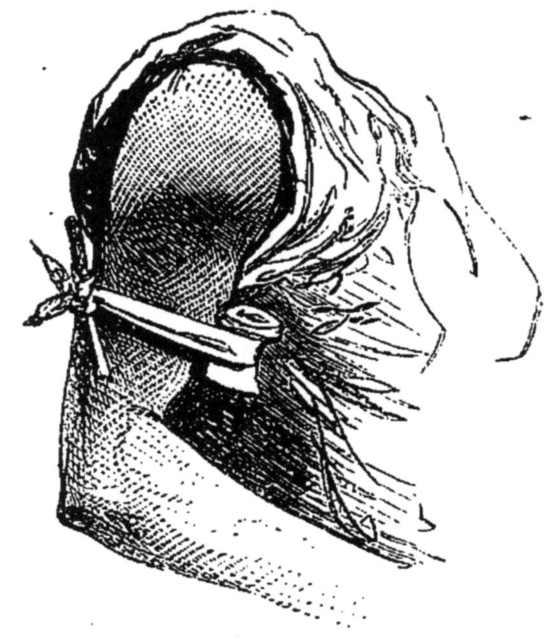

Fig. 1.

un peu moindre que le diamètre du membre.

Les baguettes sont placées, l'une sur le trajet de l'artère, l'autre du côté opposé. On saisit alors les deux extrémités libres, on les rapproche en exerçant une pression suffisante pour susprendre la circulation et on les réunit avec un lacs (fig. 2).

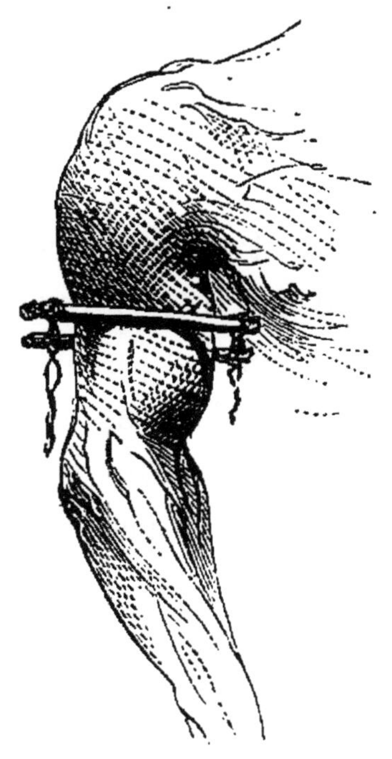

Fig. 2.

Cet appareil a sur le précédent l'avantage de ne pas comprimer toute la circonférence du membre. Il est facile à improviser. La pression des baguettes, un peu douloureuse, peut être rendue plus supportable en plaçant une petite compresse au-dessous de chaque bâtonnet.

25. — Chacune des musettes destinées aux brancardiers renferme une pelote compressive et un lacs à boucle qui, réunis, constituent un compresseur qui peut remplacer le garrot. L'application en est des plus simples. La pelote est placée sur le trajet de l'artère et fixée par le lacs qui doit faire deux fois le tour du membre. Le lacs est serré progressivement jusqu'à ce que l'éoulement du sang soit arrêté.

Points sur lesquels la compression doit être faite.

26. — Quel que soit le niveau de la blessure sur un membre, la compression doit être faite à sa partie supérieure : à la cuisse pour le membre inférieur; au bras, pour le membre supérieur. Il est indispensable, en outre, de choisir le point où l'artère est superficielle, et appuie sur un plan solide ; autrement, le

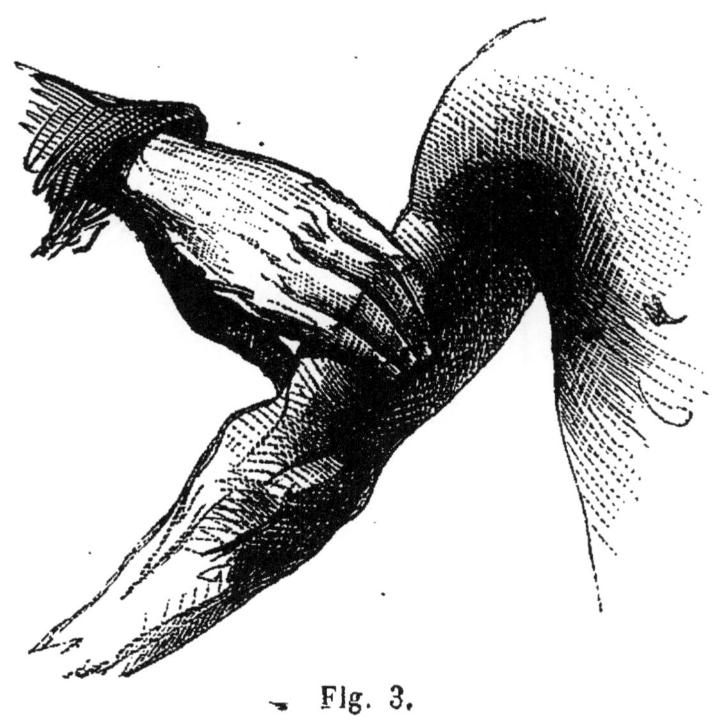

Fig. 3.

vaisseau protégé par les parties molles échapperait à la pression.

Les points les plus favorables pour la compression sont : pour le membre supérieur, le côté interne du bras, en dedans du biceps, au niveau du tiers supérieur du bras, au-dessous du bord antérieur de

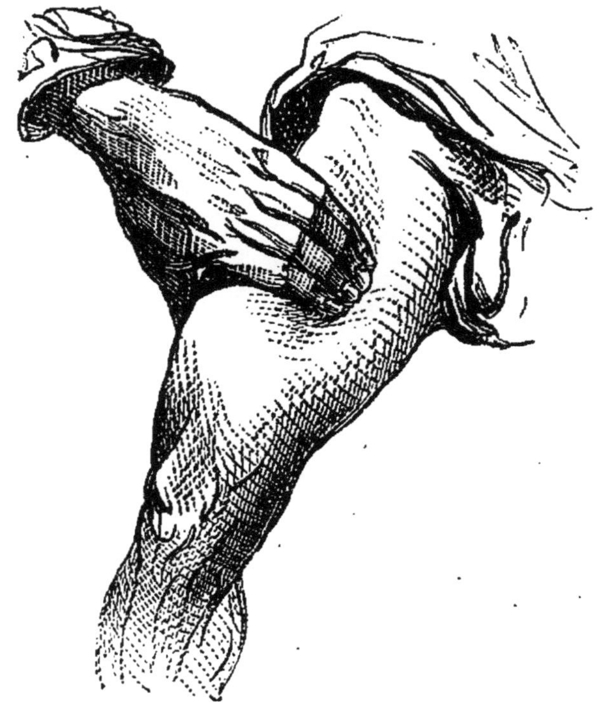

Fig. 4.

l'aisselle (fig. 3) ; pour le membre inférieur, la partie supérieure et antérieure de la cuisse, un peu au-dessous du pli de l'aine (fig. 4). Les battements de l'artère indiquent sa direction ; faciles à saisir au bras, ils se sentent moins bien à la cuisse. On les cherchera à la réunion du tiers moyen avec le tiers interne de la cuisse. On sera certain d'être sur le trajet de l'artère, si la compression par les doigts suspend l'hémorragie.

La compression indirecte est d'une application difficile sur d'autres parties du corps que les membres et doit être remplacée par la compression faite dans la plaie.

27. — Dans les hémorragies veineuses, la compression indirecte doit être établie entre la plaie et l'extrémité du membre.

Il faut préalablement examiner s'il n'existe, au-dessus de la blessure, aucune constriction qui favorise l'écoulement du sang.

Arrêt de l'hémorragie par flexion des membres.

28. — En fléchissant fortement l'avant-bras sur le bras ou la jambe sur la cuisse, on peut suspendre l'hémorragie résultant d'une plaie de l'avant-bras ou de la jambe ; mais ce moyen est incertain. Si on parvient à arrêter ainsi l'hémorragie, on maintiendra le membre dans cette position avec une bande ou un mouchoir.

CHAPITRE III

SOINS A DONNER DANS LES CAS DE FRACTURES

Nécessité d'immobiliser les fractures des membres.

29. — Lorsqu'un blessé est atteint de fracture d'un membre, il ne devra être transporté qu'après que la fracture aura été immobilisée. Cela est moins nécessaire pour les fractures des autres régions, dont les fragments offrent moins de mobilité et de tendance au déplacement. Toutefois, il faudra en tenir compte en relevant les blessés et en les plaçant sur les brancards ou dans les voitures.

Signes auxquels on reconnaît une fracture.

30. — Les signes principaux auxquels on reconnaît une fracture sont : 1° la déformation du membre brisé qui est plus ou moins dévié au niveau de la fracture ; 2° une mobilité anormale dans sa continuité, d'où résultent l'impuissance du membre, l'impossibilité pour le blessé de le soulever et de s'en servir ; 3° la crépitation ou craquement produit par le frottement des fragments, lorsqu'on imprime des mouvements au membre. Un seul de ces signes, s'il est bien évident, suffit pour affirmer la rupture du membre.

Le brancardier doit être très réservé dans l'examen qu'il fera pour s'assurer s'il y a une fracture. Il évitera des recherches prolongées qui ne peuvent qu'être préjudiciables aux blessés. Il vaut mieux rester dans le doute et se conduire comme si l'existence de la fracture était démontrée.

Indications à remplir quand il y a une fracture.

31. — La première indication, lorsqu'une fracture a été reconnue, est de redresser le membre s'il est déformé ; la seconde consiste à appliquer un bandage ou appareil contentif pour empêcher le déplacement des fragments.

Pour opérer le redressement du membre, un des brancardiers en saisira avec les deux mains la partie inférieure au-dessous de la fracture et la ramènera lentement et avec précaution dans sa direction normale. Il est inutile de chercher à réduire les fragments et à obtenir une coaptation exacte : ces tentatives demandent des connaissances chirurgicales et seraient plus nuisibles qu'utiles si elles étaient faites par des mains inexpérimentées.

32. — Cette première indication remplie, on immobilise la fracture à l'aide d'un bandage ou d'un appareil qui, placé provisoirement, doit être aussi simple que possible. Il sera remplacé au poste de secours ou à l'ambulance par un appareil plus complet et plus régulier.

Immobilisation des membres supérieurs.

33. — Dans les fractures du membre supérieur, il suffit de soutenir l'avant-bras avec une écharpe (cravate, mouchoir) qui prend son point d'appui sur le cou. L'avant-bras, fléchi à angle droit, est maintenu horizontalement, le poignet étant un peu plus élevé que le coude. Il est utile, dans les fractures de l'avant-bras, que tout l'avant-bras et la main soient embrassés et soutenus par l'écharpe (fig. 5).

34. — Dans les fractures du bras, le bras doit être fixé à la poitrine par quelques tours de bande ou avec un mouchoir en même temps que l'avant-bras est

maintenu par une écharpe (fig. 6). Dans

Fig. 5.

les fractures de la main et du poignet, les

parties seront maintenues par une écharpe pliée en cravate ou une compresse dont

Fig. 6.

les extrémités seront fixées à la capote.

35. — Le membre peut encore être

soutenu en passant la main dans la capote en partie déboutonnée ou avec la manche du même vêtement qui, disposée à la manière d'une écharpe, embrasse l'avant-bras d'arrière en avant, ou bien encore avec le pan de la capote qui, relevé et porté en avant, contourne l'avant-bras et passe derrière le cou pour revenir à la partie antérieure de la poitrine, où il est fixé à l'un des boutons de la capote.

On n'aura recours à ces derniers modes de suspension, assez défectueux, que si l'on manque de mouchoir et de cravate. On choisira celui qui soutiendra le mieux le membre et sera le moins douloureux pour le blessé.

Mais si la fracture est accompagnée de graves désordres, on immobilisera le membre plus complètement.

Immobilisation des membres inférieurs.

36. — Les fractures du membre inférieur peuvent être maintenues en fixant le membre fracturé au membre sain, qui fait office d'attelle, à l'aide de mouchoirs, de cravates ou autres liens. Ce mode de contention est le plus simple de tous, d'une exécution rapide; mais il est défectueux et ne doit être employé que quand le temps manque et qu'on n'a pas les moyens de faire autrement.

37. — On emploiera de préférence l'appareil suivant : le membre étant ramené dans une bonne direction et maintenu à chaque extrémité par deux brancardiers, deux autres, placés de chaque côté du blessé, mettront en dedans et en dehors du membre des tuteurs ou attelles qui seront fixés avec des liens (rubans de fil, mouchoirs, cravates, courroies de sac, etc.) également espacés et modérément serrés (fig. 7).

Pour rendre la pression moins pénible, on interposera entre le membre et les attelles des coussins remplis de balles d'avoine, de son, ou des coussins qu'on

3.

Fig. 7.

improvisera avec de la paille, du foin, des étoupes, des vêtements ou des couvertures.

38. — Les attelles doivent avoir une longueur proportionnée à celle du membre fracturé. Pour les fractures de la jambe, les deux attelles, d'égale longueur, iront du genou au pied.

Pour celles de la cuisse, le membre, ayant une grande tendance à se renverser en dehors, sera maintenu par des attelles qui partant, l'interne de la partie supérieure de la cuisse, l'externe de la hanche, s'étendront au delà de l'extrémité inférieure du membre. On soutiendra le pied avec une compresse, un bout de bande, une cravate dont le milieu sera placé sous la plante du pied, et les extrémités, croisées sur le cou-de-pied, seront ramenées et fixées sur les côtés de l'appareil.

39. — Si les attelles viennent à manquer, on en fabriquera avec des planches ; on les remplacera par des branches d'arbres, des fanons qu'on confectionnera en entourant des baguettes de bois avec de la paille disposée en faisceaux et serrée au moyen d'une ficelle roulée en spirale.

Avec des baguettes de bois, des roseaux, divisés suivant leur longueur s'ils sont volumineux, on peut faire des appareils à fractures simples et d'une exécution facile.

Placées parallèlement, ces baguettes sont réunies les unes aux autres par trois ou quatre ficelles ou cordelettes, de manière à être espacées d'environ un demi-centimètre ; chacune d'elles est solidement fixée par un ou deux nœuds. On peut, si on en a le temps, pour empêcher les baguettes de glisser, les traverser avec la ficelle. Le mieux, dans ce cas, est d'avoir une ficelle double, dont on fait passer les extrémités dans le même trou, en les introduisant en sens opposé.

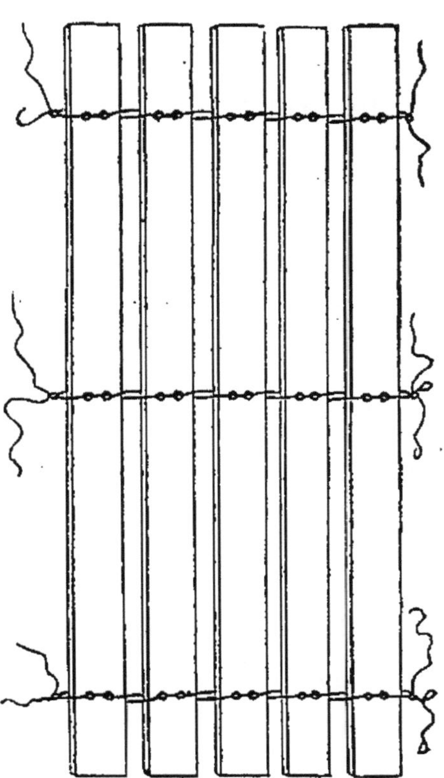

Fig. 8.

Quatre ou cinq baguettes ainsi réunies forment une attelle (fig. 8). Si on en augmente le nombre, on a un appareil qui, enroulé autour de la partie fracturée, fait office de gouttière.

40. — Les armes et les effets d'équipement pourront également être utilisés. S'il y a fracture de cuisse, on immobilisera le membre inférieur en plaçant en dedans, en guise d'attelle, un fourreau de sabre et en dehors un fusil dont la crosse sera dirigée en haut et appuiera sur la hanche (fig. 9). On maintiendra, de la même façon, une fracture de jambe en utilisant le fourreau et la lame d'un sabre (fig. 10).

Si on ne peut disposer que d'une attelle, le membre sain, rapproché du membre fracturé, sera lié avec lui et remplacera l'attelle interne.

On se servira encore, pour soutenir le membre, de la couverture de campement, de la capote, du manteau du blessé, qui

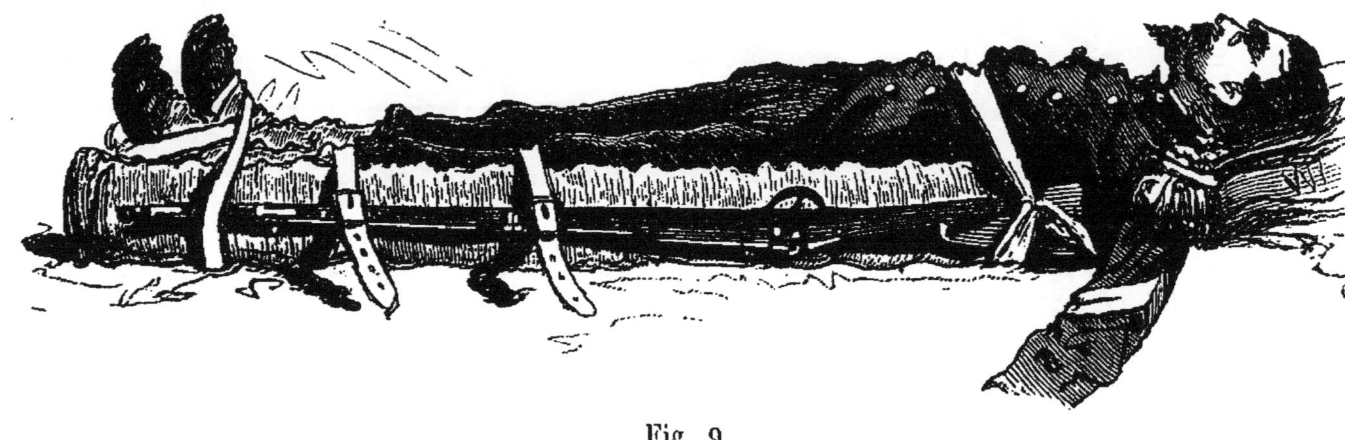

Fig. 9.

seront roulés ou pliés et mis sur les côtés du membre fracturé.

Fig. 10.

On pliera la couverture suivant sa longueur, on roulera en dehors ses extrémités et on formera ainsi une sorte de gouttière qu'on glissera sous le membre brisé, de telle sorte que son bord inférieur déborde le pied. L'appareil sera complété avec des attelles et des liens ; ces derniers servant à lier le tout ensemble, le pied sera soutenu par l'extrémité de la couverture, qu'on fixera circulairement avec un lacs au-dessous de la plante du pied (fig. 10).

Les attelles peuvent être enveloppées dans les bords de la couverture, et cela est même nécessaire, si on emploie pour attelles des baguettes, des branches d'arbres qui, en raison de leur petit volume et de leur forme arrondie, s'appliquent mal sur le membre et se déplacent facilement.

41. — Pour mieux assujettir le membre fracturé et l'empêcher de se renverser en dehors, on peut, après avoir mis un appareil à fractures, réunir les deux membres ensemble avec deux ou trois courroies ou autres lacs, placés à différentes hauteurs et dont un, embrassant la partie inférieure des jambes au niveau des malléoles, est croisé en avant des deux pieds et fixé à leur face plantaire (fig. 9).

42. — Les gouttières en fil de fer constituent de bons appareils à fractures, mais il est difficile de les transporter sur le champ de bataille, et les brancadiers ont rarement occasion de les employer.

Une botte de paille, disposée en forme de gouttière, un paillasson, peuvent les remplacer.

Précautions à prendre en appliquant un appareil ou bandage à fractures.

43. — On doit éviter, pendant l'application d'un bandage ou d'un appareil à fractures, d'imprimer au membre brisé des mouvements inutiles. Si on a besoin de placer un lacs ou une autre pièce d'appareil qui nécessite le soulèvement du membre, un brancardier glisse doucement les deux mains sous le membre, au-dessus et au-dessous de la fracture, et, aidé des brancardiers qui en soutiennent les extrémités, il le soulève légèrement, en ayant soin de lui conserver sa rectitude.

44. — Les vêtements ne sont pas un obstacle à l'application des moyens contentifs de la fracture. A moins d'indications spéciales, la nécessité d'arrêter une hémorragie, par exemple, on ne déshabillera pas les blessés. On leur épargnera ainsi des douleurs et on gagnera du temps.

Dans le cas où il serait indispensable d'enlever les vêtements, on commencera par découvrir le membre sain. On procédera avec lenteur et prudence ; on découdra, on coupera les parties des vêtements qui ne pourraient être enlevées qu'en occasionnant de vives douleurs au blessé.

TITRE III

RELEVEMENT ET TRANSPORT DES BLESSÉS

CHAPITRE PREMIER

RELÈVEMENT DES BLESSÉS

Soins à prendre en relevant les blessés.

45. — L'enlèvement des blessés du champ de bataille exige des hommes exercés, habitués à manier les malades. Pour enlever un blessé, le placer sur un brancard, une voiture, il faut une certaine adresse qui ne s'acquiert qu'avec la pratique.

Les brancardiers doivent agir sans précipitation, avec douceur, et éviter les mouvements brusques qui peuvent aggraver les blessures des malades et leur causer des souffrances.

Ils saisiront les blessés solidement, mais sans rudesse, en ayant soin de ne pas porter les mains au niveau de leurs blessures. Ils les soulèveront lentement, sans secousse, soutiendront les membres pour empêcher que les mouvements et le poids du membre n'amènent des tiraillements douloureux.

Ils veilleront à se placer commodément pour enlever les blessés et choisiront une attitude qu'ils puissent conserver quelque temps. Ils opéreront avec ensemble et règleront leurs mouvements sur ceux du chef brancardier qui commandera.

Manière d'aborder un blessé.

46. — Les brancardiers, en abordant un blessé, déposeront le brancard à terre le long du malade et à un pas de distance, la tête du brancard dirigée du même côté que celle du blessé.

Ils examineront rapidement le blessé, lui donneront les secours qui sont urgents et se rendront compte de la manière dont il doit être soulevé.

Comment on relève un blessé.

47. — Il faut au moins deux brancardiers pour relever un blessé. Un plus grand nombre est nécessaire pour l'enlèvement de ceux qui sont atteints de blessures graves.

Relèvement par deux hommes.

48. — Le relèvement par deux hommes se fait de deux façons : les brancardiers se mettent de chaque côté du blessé ou du même côté.

1° *Le blessé est saisi des deux côtés.* Les brancardiers se placent l'un à droite, l'autre à gauche du blessé, et mettent un genou à terre. Ils passent les mains au-dessous du tronc et des membres inférieurs du patient et les entre-croisent

Fig. 11.

mutuellement afin de bien soutenir le blessé qui, s'il le peut, s'aide en saisissant les brancardiers au niveau de la ceinture (fig. 11) ou par le cou.

Au commandement de : *Attention,* — *Debout,* les brancardiers se lèvent.

Au commandement de : *Marche*, le porteur de droite part du pied droit, le porteur de gauche du pied gauche; et, marchant latéralement, ils se dirigent vers le brancard.

Ils se placent dans son prolongement, puis, s'écartant légèrement, ils avancent de chaque côté du brancard qu'ils mettent entre eux.

Ils s'arrêtent au commandement de : *Halte*, qui est prononcé par le brancardier numéro 1, lorsque le blessé est au-dessus du brancard. Au commandement de : *Posez,* ils déposent doucement le blessé sur le brancard.

La dernière partie de cette manœuvre peut être modifiée. Après avoir soulevé le blessé, les brancardiers ne bougent pas de place. Un troisième brancardier saisit le brancard et le glisse au-dessous du malade.

49. — 2° *Le blessé est saisi d'un seul côté.* Les deux brancardiers, faisant face au brancard, se placent du même côté du blessé, l'un au niveau de la poitrine, l'autre près des membres inférieurs. Mettant un genou en terre, le premier glisse une main sous les épaules du malade et l'autre sous les reins. Le second brancardier place les mains sous le bassin et les jarrets. Le blessé s'aide en passant un bras autour du cou du porteur qui soutient la poitrine (fig. 12).

Au commandement de : *Attention,* — *Debout,* les brancardiers se lèvent.

Au commandement de : *Marche*, ils avancent, en marchant lentement, vers le brancard, qui est placé de l'autre côté du malade et parallèlement à lui. Les porteurs arrivés près du brancard, le blessé est couché avec précaution, au commandement de : *Posez.*

Ce mode d'enlèvement est moins facile que le précédent, surtout si le blessé est lourd et ne s'aide pas ; il nécessite

Fig. 12.

des brancardiers adroits et vigoureux.

Relèvement par trois hommes.

50. — Un troisième brancardier est

nécessaire si le blessé est atteint de frac-

Fig. 13.

ture d'un membre inférieur, d'une blessure grave, à la tête, à la poitrine, etc. Dans le premier cas, placé en dehors des extrémités inférieures et du côté de la fracture, il soutiendra le membre brisé (fig. 13).

Dans le second cas, il se portera derrière le blessé et soutiendra la tête avec ses mains en l'appuyant contre sa poitrine.

Relèvement par quatre hommes.

51. — Lorsque le blessé est incapable de s'aider; s'il a une fracture des deux membres inférieurs, un quatrième et même un cinquième brancardier doivent se joindre aux précédents.

Deux brancardiers se placent alors de chaque côté du blessé, à la hauteur de la poitrine et des membres, et mettent un genou en terre.

Les deux brancardiers, situés près de la poitrne, engagent les mains sous les fesses et les épaules du blessé. Les deux autres saisissent chacun un des membres inférieurs.

Au commandement de : *Attention, — Debout,* ils se redressent en même temps. Si c'est nécessaire, un cinquième brancardier soutient la tête.

CHAPITRE II

TRANSPORT AVEC LE BRANCARD

52. — Le transport des blessés à bras ou à dos d'homme ne peut être employé que pour des distances peu considérables. Il est à la fois fatigant pour les porteurs et pénible pour les malades. Le meilleur mode de transport est le brancard. Le malade y est bien couché et moins exposé aux secousses que dans les litières et les voitures.

Description du brancard.

53. — Le brancard se compose de

deux hampes, deux traverses d'écartement, quatre pieds, une toile et deux bretelles.

Les hampes, en bois de frêne, longues de $2^m,25$, sont équarries sur toute leur longueur, et arrondies à leurs extrémités.

Les traverses, qui servent à maintenir les hampes écartées, sont fixées à la face inférieure de la hampe gauche, à l'aide d'un boulon en fer forgé et à tête plate autour duquel elles pivotent. Elles présentent à leur extrémité libre une échancrure dans laquelle s'engage, lorsque le brancard est monté, un boulon à tête plate placé sur l'autre hampe.

Dans le brancard nouveau modèle, l'extrémité libre de la traverse, légèrement élargie, est percée de deux trous et d'une mortaise, destinés à recevoir un tourniquet en cuivre, placé sur la face inférieure de la hampe de droite.

Chaque hampe a deux pieds en bois, garnis de fer feuillard, qui sont fixés par des boulons s'abaissant et se relevant à volonté, et dont les mouvements sont limités par des arrêts à crochet. Les pieds, situés à l'extrémité têtière du brancard, se prolongent de 12 centimètres au-dessus des hampes. Les pieds de devant ne dépassent pas l'équarrissage des hampes.

La toile, longue de $1^m,81$, est clouée aux bords externes des hampes dans les trois quarts de sa longueur. Le brancard étant monté, elle se relève à une de ses extrémités, et forme un plan incliné qui est destiné à maintenir élevée la tête du malade.

Cette partie de la toile est fixée aux extrémités des pieds qui surmontent les hampes à l'aide d'œillets en laiton, qui s'accrochent à des boutons placés à leur face postérieure.

Les bretelles, de tissu de chanvre, sont terminées d'un côté par une anse, de l'autre par une patte en cuir, percée de trous, qui, engagée dans une boucle métallique que portent les bretelles, forme une seconde anse au moyen de laquelle on raccourcit ou on allonge les bretelles.

Ce brancard, du poids de 10 kilogr., est facile à transporter. Il se monte et se démonte rapidement ; roulé sur lui-même il est peu encombrant. Ses dimensions ont été calculées pour qu'il puisse se placer dans les voitures d'ambulance.

Manœuvre du brancard.

54. — *Montage du brancard.* Deux brancardiers sont nécessaires pour monter un brancard.

Pour cette manœuvre, les brancardiers, un peu espacés les uns des autres, se mettent sur deux rangs. Les brancardiers qui sont en avant prennent le numéro 1 ; ceux qui sont en arrière, le numéro 2. Les premiers tiennent le brancard de la main gauche, le long du corps, le côté de la têtière en haut.

Au commandement de : *Montez les brancards*, les hommes du premier rang font face en arrière par un demi-tour. Ceux du second rang font trois pas en arrière.

1er *Temps*. Le brancardier numéro 1, présente l'extrémité têtière du brancard, au brancardier numéro 2, qui la saisit de la main gauche.

Ils glissent les hampes sous le bras gauche et se fendent en portant le pied droit en avant. Ils débouclent et déroulent les bretelles, puis se redressent.

2e *Temps*. Chacun d'eux place en travers, sur le cou, la bretelle qu'il a déroulée, et prend ensuite une hampe de chaque main. Les brancardiers, après avoir déployé le brancard, le renversent en le tournant de droite à gauche.

Fléchissant en même temps sur les deux jambes, ils appuient l'extrémité des hampes sur les cuisses.

3e *Temps*. — Ils redressent les pieds

du brancard et le brancardier numéro 2 engage, pour maintenir la têtière, la partie supérieure des pieds de tête dans les angles de la toile garnie de cuir et fixe les boutons dans les œillets.

Ils font pivoter ensuite les traverses dont ils fixent l'extrémité libre, en introduisant dans son échancrure le tenon que porte la hampe opposée.

Avec le brancard nouveau modèle, on opère différemment. On introduit le tourniquet en cuivre dans l'un ou l'autre des trous que présente la traverse, de façon que la toile soit toujours bien tendue.

Le trou le plus éloigné du centre de la traverse est destiné à faciliter le montage du brancard, lorsque la toile s'est rétrécie sous l'influence de l'humidité.

4e *Temps*. Le brancard, étant monté, est retourné de gauche à droite et placé à terre.

Le brancardier numéro 1 se remet

face en tête par un demi-tour. Les hampes sont engagées dans les anses des bretelles, et les porteurs assujettissent ces dernières en leur donnant une longueur en rapport avec leur taille.

55. — *Démontage du brancard.* 1er *Temps.* Le brancard étant posé à terre, les porteurs, placés entre les hampes et se faisant face, au commandement de : *Démontez les brancards*, saisissent les hampes et renversent le brancard en le tournant de droite à gauche. Puis, fléchissant sur les jambes, ils appuient les hampes sur les cuisses.

2e *Temps.* Ils dégagent les traverses, et le brancardier numéro 2 ayant défait la têtière, ils ramènent les traverses le long des hampes, ainsi que les pieds du brancard.

3e *Temps.* Ils enroulent chaque hampe dans la toile du brancard en la tournant en dedans. La têtière, maintenue par le brancardier numéro 2, est enroulée également de chaque côté sur les hampes.

4e *Temps*. Les hampes étant rapprochées, chacun des brancardiers engage la poignée de la hampe, placée à droite, dans la boucle de la bretelle; puis, se fendant en avant, il roule la bretelle autour du brancard replié, en la tournant de droite à gauche, de manière à l'envelopper dans toute sa longueur. Ils terminent en bouclant ensemble les deux bretelles.

Chargement du brancard.

56. — Le blessé doit être déposé sur le brancard avec précaution et douceur. Il est important de lui donner une position qui ne soit pas douloureuse et qu'il puisse garder pendant son transport au poste de secours ou à l'ambulance.

La meilleure position est le décubitus sur le dos. La tête doit être un peu soulevée ; les membres supérieurs sont étendus le long du corps, et les membres inférieurs allongés ou légèrement fléchis.

On modifiera cette position suivant le siège de la blessure. Il faut, autant que possible, que le malade n'appuie pas sur sa blessure et que les parties lésées soient maintenues dans le relâchement et l'immobilité.

Lorsque la blessure siégera en arrière du corps et d'un seul côté, le blessé sera incliné du côté opposé.

Si elle s'étend aux deux côtés, il pourra être couché sur le ventre, à moins qu'il n'ait aussi une blessure en avant, ou que cette position ne soit difficilement supportée. Il convient, pour la rendre moins pénible, que la poitrine soit soulevée, que la tête soit inclinée de côté et le visage à l'abri de toute pression.

Dans les blessures de la poitrine, les épaules seront un peu élevées. Dans celles du ventre, les cuisses seront fléchies et la partie supérieure du corps sera légèrement soulevée.

Si la plaie siège à la partie latérale ou antérieure du cou, on maintiendra la tête rapprochée de la poitrine.

Les membres blessés seront allongés et devront reposer dans toute leur étendue sur le brancard. On assurera leur immobilité en les soutenant de chaque côté. Toutefois, l'avant-bras et la main peuvent être portés en avant et appuyés sur la poitrine ou le ventre.

On se servira, pour maintenir la position qui aura été donnée au blessé, de la couverture de campagne, de vêtements qui seront roulés ou pliés et placés le long des membres ou sous le malade; on emploiera le havresac comme oreiller. Si la tête a besoin d'être immobilisée latéralement, on utilisera la capote qui, pliée en long et roulée à ses extrémités, sera glissée sous la nuque et formera coussin de chaque côté.

Transport du brancard chargé.

57. — Le brancard peut être porté par deux ou quatre hommes. Le plus ordinairement deux suffisent. Les porteurs doivent être à peu près de même taille; les plus petits se placeront à l'extrémité du brancard correspondant aux pieds du malade.

Transport par deux hommes.

58.—Les deux brancardiers se placent entre les hampes : celui qui commande se met en avant du blessé et prend le numéro 1; l'autre, numéro 2, en arrière (fig. 14).

Au commandement de : *Attention*, ils se baissent, passent les bretelles sur le cou et saisissent les poignées des hampes.

Au commandement de : *Enlevez*, ils se relèvent et soulèvent le brancard. Au commandement de : *Marche*, ils partent,

Fig. 14.

le brancardier de devant du pied gauche, le brancardier de derrrière du pied droit, afin de diminuer, en rompant le pas, le balancement du brancard.

Ils marchent d'un pas régulier, peu allongé, modérément cadencé; en fléchissant les cuisses et les genoux, le pied rasant le sol.

Au commandement de : *Halte*, ils s'arrètent. Au commandement de : *Posez*, ils déposent avec ensemble et lentement le brancard à terre.

Le brancardier qui est en avant prévient celui qui est en arrière des obstacles de la route, des accidents de terrain, indique les changements de direction et règle la marche.

Les deux autres brancardiers, qui accompagnent le blessé, se tiennent de chaque côté de lui ou en arrière si la largeur de la route ne leur permet pas de se tenir sur les côtés du brancard. Ils portent ses armes, son fourniment et remplacent les porteurs, lorsque ceux-ci sont fatigués.

Transport par quatre hommes.

59. — Les brancardiers se placent à chaque extrémité du brancard et en dehors des hampes ; ils se font face. Le chef brancardier est en seconde ligne. Au commandement de : *Attention*, ils saisissent des deux mains, en se baissant, les poignées du brancard.

Au commandement de : *Enlevez*, ils se relèvent et soulèvent le brancard à la hauteur des épaules. Faisant un quart de tour, ils mettent la hampe sur l'épaule qui lui correspond et l'assujettissent en l'embrassant avec la main du même côté. Au commandement de : *Marche*, les porteurs partent, les deux premiers du pied gauche, les deux derniers du pied droit.

Pour poser le brancard à terre, les brancardiers, au commandement de : *Posez*, prennent les hampes des deux mains, soulèvent légèrement le brancard, afin de dégager l'épaule. En même temps ils exécutent un quart de tour et font face au brancard qu'ils abaissent ensuite, avec ensemble, et en lui conservant son horizontalité.

Marche avec le brancard.

60. — En marche, les porteurs doivent s'efforcer de maintenir constamment le brancard dans un plan horizontal, les uns en fléchissant, les autres en allongeant les avant-bras, selon l'inclinaison du sol.

Quand on gravit un terrain fortement incliné, cette précaution est insuffisante. Pour remédier à l'inclinaison du brancard, il faut porter le blessé la tête en avant; celle-ci devant être plus élevée que les autres parties du corps. Si, au contraire, on descend une côte un peu raide, il convient de faire passer les pieds les premiers.

Toutefois, il y a une exception à cette

règle; c'est lorsque le blessé est atteint de fracture d'un des membres inférieurs. Il est nécessaire alors, pour que le corps ne pèse pas, en glissant, sur le fragment supérieur de la fracture, que dans les montées et les descentes les pieds soient plus élevés que la tête.

61. — *Marche dans un escalier*. On procède de la même façon pour monter un escalier avec un brancard. Mais, si la largeur de l'escalier le permet, il y a avantage à employer trois ou quatre porteurs. Dans ce dernier cas, on manœuvrera comme il suit :

Arrivés au pied de l'escalier, les brancardiers, portant le brancard sur l'épaule, s'arrêtent au commandement de : *Halte*. Les deux porteurs, placés près de la tête du blessé, qui est en avant, saisissent la hampe des deux mains, la dégagent de l'épaule, et font face au brancard. Si l'escalier est trop étroit, les brancardiers de droite se mettent entre les hampes.

Au commandement de : *Marche*, les quatre brancardiers montent l'escalier. Les deux premiers abaissent les hampes de façon que le brancard soit toujours à peu près horizontal, la tête étant plutôt élevée que les pieds.

Au moment d'atteindre les dernières marches, ils s'arrêtent de nouveau au commandement de : *Halte*, et les deux porteurs de derrière exécutent la même manœuvre que les deux premiers ont exécutée au bas de l'escalier.

Au commandement de : *Marche*, ils montent les dernières marches. Sur le palier, ils déposent le brancard au commandement de : *Posez*. S'il n'y a pas d'autres étages à monter, ils transportent directement le blessé dans la salle où il doit être placé (fig. 15).

62. — *Marche en terrain coupé*. Si l'on rencontre des obstacles, une haie, un mur, un fossé qu'on ne puisse pas tourner sans perdre un temps considé-

Fig. 15.

rable et qui ne soit pas trop difficile à franchir, on essayera de passer. Les porteurs doivent être au moins quatre. La manœuvre variera suivant le genre d'obstacle qu'on aura devant soi.

Est-ce une haie, un mur ; près de l'obstacle, les brancardiers déposent à terre le brancard. Un des brancardiers franchit la clôture ; les trois autres, un en arrière du brancard, les deux autres en avant, au commandement de : *Enlevez*, soulèvent le brancard un peu plus haut que l'obstacle. Faisant quelques pas en avant, ils passent les hampes antérieures au brancardier qui est de l'autre côté du mur ou de la haie, au commandement de : *Envoyez*.

Immédiatement, les brancardiers qui ont abandonné les hampes se portent au delà de la clôture, et, les deux brancardiers qui soutiennent le brancard ayant fait un mouvement en avant, ils saisissent les hampes postérieures qui, au

Fig. 16.

commandement de : *Envoyez*, leur sont remises par le brancardier resté derrière l'obstacle. Le brancard, mis à terre, est repris par deux brancardiers qui continuent leur marche (fig. 16).

63. — La manœuvre pour passer un fossé trop large pour être enjambé par les brancardiers est à peu près la même.

Un des brancardiers franchit le fossé sur le bord duquel a été déposé le brancard ; deux autres descendent dedans (fig. 17). Si le fossé est profond et plein d'eau, ces derniers se placent à cheval et au-dessus, en appuyant un pied sur chaque bord. Ils se font face, en laissant entre eux un intervalle égal à la largeur du brancard (fig. 18).

Dans l'une ou l'autre de ces positions, ces deux brancardiers, aidés de celui qui est en deçà du fossé, saisissent d'abord les hampes antérieures qu'ils transmettent au brancardier qui a franchi l'obstacle, et, prenant ensuite les hampes

Fig. 17.

postérieures des mains du brancardier qui est en arrière, ils font passer le brancard de l'autre côté du fossé et le déposent à terre. Le quatrième brancardier, devenu libre, passe à son tour le fossé. L'obstacle franchi, le brancard est transporté par deux brancardiers en suivant les règles ordinaires.

Les autres obstacles sont franchis en exécutant une manœuvre analogue.

Déchargement du brancard.

64. — Pour enlever un blessé de dessus son brancard, on procède avec la même douceur et les mêmes précautions que pour l'y placer.

Autant que possible, un blessé ne doit être déplacé de son brancard que pour être couché dans un lit ou sur une litière et jamais pour être mis sur un autre brancard.

Un seul brancardier, s'il est vigoureux, peut enlever le blessé du brancard.

Fig. 48.

Mais, avec deux brancardiers, la manœuvre est plus facile, et il y a moins à craindre d'imprimer au malade des mouvements douloureux.

Le brancard étant déposé au pied du lit, deux brancardiers soulèvent le blessé, après l'avoir saisi par les côtés, et, marchant latéralement, le transportent, la tête en avant, sur le lit qu'ils abordent par l'extrémité inférieure et placent entre eux.

65. — On peut aussi s'y prendre de la manière suivante :

Le brancard étant disposé parallèlement au lit, la tête du malade dirigée vers son extrémité supérieure, les deux porteurs se placent du côté du brancard opposé au lit, glissent les mains sous le malade et le soulèvent. Alors le brancard est enlevé rapidement par un aide, et les brancardiers, avançant de quelques pas, déposent le malade sur le lit.

Si le blessé est enlevé par un seul

brancardier, il est utile que le malade s'aide en embrassant le cou du brancardier avec un ou deux bras.

CHAPITRE III

BRANCARDS IMPROVISÉS.

66. — Les brancards peuvent manquer. Les brancardiers doivent y supplér en utilisant les objets trouvés sous la main : civières, échelles, portes, planches, etc.

On improvisera des brancards avec des sacs, des paillasses vides dont on découdra les angles et dans lesquels on introduira des perches qui remplaceront les hampes.

On emploiera, pour le même usage, des couvertures, des paillassons qu'on fixera par les angles à des perches ou à des branches d'arbres.

On obtiendra également un brancard avec deux bâtons entre lesquels on installera des cordes ou des courroies allant de l'un à l'autre.

Les fusils sont aujourd'hui trop petits pour servir de hampes de brancard (fig. 19), mais on pourra, en entre-croisant les bretelles de deux fusils, placés parallèlement, former un siège sur lequel s'assoira le blessé, les jambes pendantes et la tête appuyée sur la poitrine d'un des porteurs. L'écartement entre les fusils étant peu considérable, on n'a qu'un siège étroit et assez médiocre, qui cependant peut avoir son utilité dans un moment donné.

67. — On a employé, dans les dernières guerres, des brancards à roues. Ils ont l'inconvénient d'être encombrants, peu transportables comme matériel de campagne et de constituer un mode de transport moins doux que le brancard ordinaire. Ils ne sont pas en usage dans

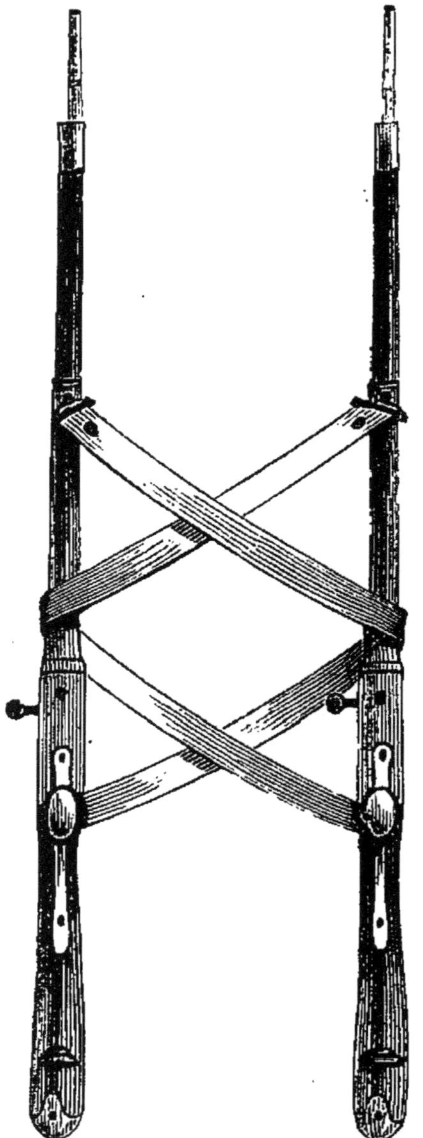

Fig. 19.

l'armée française. De simples brouettes ont été utilisées pour le transport de malades et blessés et pourraient l'être encore.

68.—Les brancards improvisés sont toujours très imparfaits. On veillera à ce qu'ils soient d'une grande solidité. Ils devront être couverts de paille, de foin, puis d'une couverture ou d'un manteau afin d'en rendre le contact moins dur.

CHAPITRE IV

TRANSPORT A BRAS D'HOMME.

69. — Il est des circonstances dans lesquelles les blessés doivent être transportés à bras à une assez grande distance, soit faute de brancards, soit par suite des obstacles et de la disposition du terrain.

Il y a différentes manières de transporter les blessés à bras d'homme, et déjà plusieurs ont été indiquées. Elles doivent varier suivant le siège et la gravité de la blessure, le nombre des porteurs dont on dispose et la distance à parcourir.

Transport par un seul brancardier.

70. — Ce mode de transport, journellement employé, exige un homme vigoureux et ne permet pas de franchir un long espace.

Le blessé peut être transporté dans les bras ou sur le dos.

71. — 1° *Transport dans les bras.* Le brancardier, placé à la hauteur du blessé, met un genou en terre et passe ses bras sous les reins et les fesses. — Le blessé, de son côté, embrasse le cou du brancardier qui se relève en dégageant d'abord le pied le moins engagé.

On peut s'aider d'une longue écharpe, d'une couverture pliée en long, dont le plein embrasse les fesses et les reins du blessé. Les extrémités, passant en avant et en arrière de la poitrine du brancardier, sont nouées sur une de ses épaules.

72. — 2° *Transport à dos.* Le brancardier se place un genou en terre devant le blessé, de manière à lui présenter le dos. — Le blessé lui embrasse le cou. — Le brancardier, saisissant ensuite les jarrets du blessé, le hisse sur son dos et se relève. Il prend, si c'est utile, un point d'appui en avant, ou s'aide d'un bâton, d'un fusil pour se relever.

Le transport à dos est préférable au précédent ; mais il faut que le malade puisse s'aider et ait assez de force pour se cramponner au cou du porteur.

Transport par deux brancardiers.

73. — Le blessé peut être porté dans la position assise ou couchée.

A. *Position assise.* Deux modes de transport :

1° *Transport à deux mains.* Les brancardiers mettent un genou en terre à côté du blessé, qui est accroupi. Ils unissent premièrement la main qui est dirigée vers les pieds du blessé et la passent sous les fesses de ce dernier. Ils joignent ensuite les deux autres mains qu'ils placent derrière son dos. Le blessé enlace le cou de chaque brancardier avec les deux bras ou avec un seul, s'il n'en a qu'un de libre.

Au commandement de : *Attention, — Debout*, les brancardiers se lèvent. Au commandement de : *Marche*, ils partent, celui de droite du pied droit, celui de gauche du pied gauche, en marchant latéralement.

74. — 2° *Transport à quatre mains.* Si le blessé a assez de force pour s'aider de ses bras, on lui constituera un siège plus large et plus commode, en s'y prenant comme il suit :

Les brancardiers, placés des deux côtés du blessé, un genou en terre, entrelacent leurs mains ; chacun d'eux saisit son poignet droit de la main gauche, puis, de la main droite, il prend le poignet gauche de l'autre brancardier (fig. 20). Les mains ainsi enlacées sont glissées sous le siège du blessé. Celui-ci embrasse le cou de chaque brancardier. Au commandement de : *Attention, — Debout,* les brancardiers se relèvent (fig. 21).

Ce mode de transport est non seule-

Fig. 20.

ment plus commode pour le malade que le transport à deux mains, mais il est moins fatigant pour les porteurs, qui ont

Fig. 21.

ainsi plus de force pour soutenir le poids du blessé.

On peut remplacer les mains par une sellette, que l'on forme avec un anneau de corde ou de paille tressée, une pièce d'étoffe rectangulaire dont les extrémités sont cousues autour de deux cylindres de bois. Les brancardiers, ayant deux mains libres, s'en servent pour soutenir le dos du blessé.

75. — B. *Position couchée.* Deux modes de transport :

1° *Le blessé est saisi par les extrémités.* Les brancardiers vont se placer : celui qui prend le commandement, à la tête du blessé ; le second, entre ses jambes.

Ayant mis un genou en terre, le premier soulève la tête du blessé, qu'il applique contre sa poitrine, passe les bras d'arrière en-avant sous les aisselles, et croise les mains sur le devant de la poitrine du blessé. Le second, penché en avant et tournant le dos au précédent, saisit les jambes du patient sous les jarrets.

Au commandement de : *Attention*, — *Debout*, ils se lèvent. Au commandement de : *Marche*, ils partent du pied droit (fig. 22).

2° *Le blessé est saisi de côté*. Les brancardiers se placent, l'un à droite, l'autre à gauche du blessé, et, mettant un genou en terre, ils placent les mains au-dessous du blessé, comme il a été dit plus haut (art. 48).

La manière de transporter un blessé avec trois ou quatre brancardiers a également été indiquée (art. 50 et 51).

CHAPITRE V

TRANSPORT A DOS DE MULET

76. — Le transport des blessés à de grandes distances s'effectue à l'aide de

Fig. 22.

cacolets, de litières et de voitures qui suivent les ambulances.

1° Transport avec les cacolets.

77. — Les cacolets sont des fauteuils destinés à être accrochés de chaque côté du bât d'un mulet. Ils sont formés de montants en fer, articulés et à charnières, réunis en arrière par un dossier auquel est fixée une ceinture. Ils présentent en dehors un accotoir qui sert d'appui au bras du malade. Deux courroies, partant du siège, soutiennent une planchette sur laquelle doivent reposer ses pieds (fig. 23).

Toutes ces parties se replient les unes sur les autres, lorsqu'on ne se sert pas des cacolets.

78. — *Chargement du cacolet.* Les malades sont assis parallèlement au mulet et regardent dans la même direction que lui (fig. 24).

Pour charger les cacolets, le conducteur tient son mulet par les rênes et appuie, pour faire contrepoids, sur le

Fig. 23.

cacolet de gauche afin de l'empêcher de tourner.

Le malade, aidé par un brancardier,

monte à droite. Il met le pied gauche sur le marchepied, saisit le bât de la main droite, l'accotoir de la main gauche, et monte en se tournant pour s'asseoir.

Le blessé qui monte à gauche s'y prend de la même manière, mais met d'abord le pied droit sur le marchepied et place les mains en sens inverse.

Lorsque le malade n'est pas assez fort pour monter seul, deux brancardiers le prennent sur leurs bras et le déposent sur le siège. Il est maintenu avec la ceinture de cuir qui est attachée au dossier.

S'il n'y a qu'un malade à transporter, le conducteur monte sur le second cacolet.

Les deux cacolets doivent se faire équilibre. Si les malades présentent une inégalité de poids, on rétablit l'équilibre en ajoutant du côté le moins lourd un sac, des vêtements, ou tout autre objet qu'on suspend au cacolet.

Fig. 24.

79. — Les malades doivent descendre ensemble; ils sont aidés, s'il y a nécessité. Dans le cas où ils ne peuvent descendre que l'un après l'autre, le conducteur appuie sur le cacolet devenu vide.

2° Transport en litières.

80. — Les litières sont des couchettes en fer, que l'on suspend par paire au bât d'un mulet. La partie qui correspond à la tête est légèrement relevée ; elle est surmontée d'un châssis mobile, recouvert d'un rideau qui sert à protéger le blessé contre le soleil ou la pluie. On les distingue en litière de droite et litière de gauche. Les litières vides se replient et s'appliquent contre le bât.

Les litières sont affectées aux hommes atteints de fractures des membres inférieurs ou de blessures graves, et qui ne peuvent pas être transportés assis (fig. 25).

81. — *Chargement des litières.* Les litières étant posées à terre, parallèlement, à 3 mètres l'une de l'autre, et recouvertes d'une couverture de campement, les brancardiers prennent le malade par les côtés et le déposent sur la litière d'après les règles établies pour le chargement des brancards.

Le mulet est ensuite amené par le conducteur et placé entre les litières, la croupe tournée du côté opposé au châssis de tête. Le conducteur le maintient pour l'empêcher d'avancer ou de reculer, pendant le chargement des litières.

La litière de gauche est d'abord chargée sur le mulet. Au commandement de : *Attention,* quatre brancardiers la saisissent par les angles du châssis. — Au commandement de : *Enlevez,* ils l'élèvent horizontalement et l'appuient au bât. Les deux hommes les plus rapprochés du mulet saisissent en même temps, l'un de la main droite, l'autre de

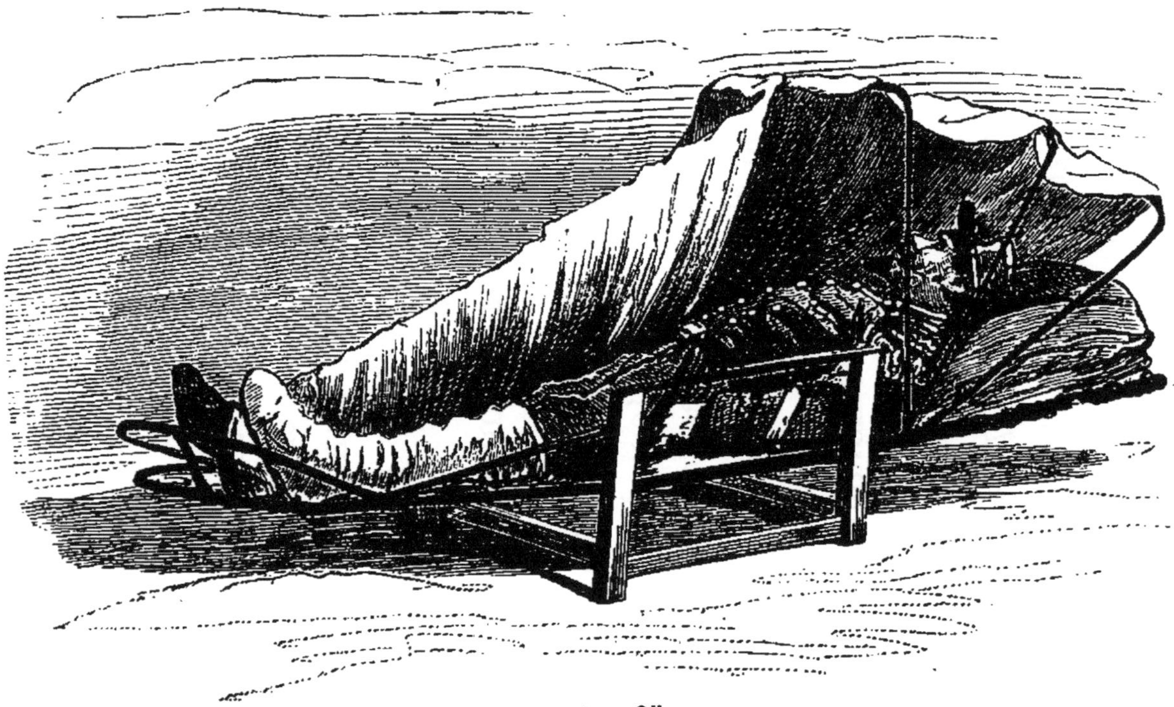

Fig. 25.

la main gauche, les chaînes des montants qu'ils engagent, par l'un des derniers chaînons, dans les crochets du bât.

Dès que la litière est accrochée, une cinquième personne la soutient, en appuyant l'épaule droite sous la dernière traverse en fer pour empêcher le bât de tourner.

Les quatre brancardiers se portent alors rapidement et immédiatement à la litière de droite, en passant, deux devant le mulet et deux derrière, et la chargent comme celle de gauche.

Il faut que les litières soient bien équilibrées et horizontales.

Les malades couchés sur les litières ont la tête dirigée du côté de l'avant-main. Avec le mode de chargement opposé, les mulets sont plus solides, fatiguent moins, mais les malades éprouveront des réactions plus dures.

Déchargement des litières.

82. — Le conducteur détache un certain nombre de courroies, roule le rideau, abaisse le châssis de tète et tient son mulet par les rênes.

Un brancardier soutient la litière de droite avec l'épaule pour empêcher le bât de tourner. Quatre autres, au commandement de : *Attention*, saisissent la litière de gauche aux quatre angles. Au commandement de : *Enlevez*, ils la soulèvent avec précaution.

Les deux hommes les plus rapprochés du mulet décrochent les chaînes, et, au commandement de : *Posez*, la litière est déposée à terre sans secousse.

Les quatre brancardiers se portent ensuite à la litière de droite et la déchargent de la même manière.

Le transport avec les cacolets et les litières est avantageux dans les terrains accidentés où les voitures ne peuvent pas arriver. Mais il est pénible, surtout en cacolet; les blessés sont soumis à des secousses violentes et exposés à des chutes.

CHAPITRE VI

TRANSPORT AVEC LES VOITURES D'AMBULANCE

83. — Les voitures d'ambulance pour le transport des blessés sont de deux sortes : la voiture à quatre roues, dite omnibus (fig. 26), et la voiture à deux roues ou voiture légère (fig. 27).

Disposition intérieure des voitures.

84. — *Voiture à quatre roues.* La voiture omnibus est disposée de façon à transporter dix malades assis ou quatre couchés. Les malades couchés sont étendus sur des brancards suspendus et for-

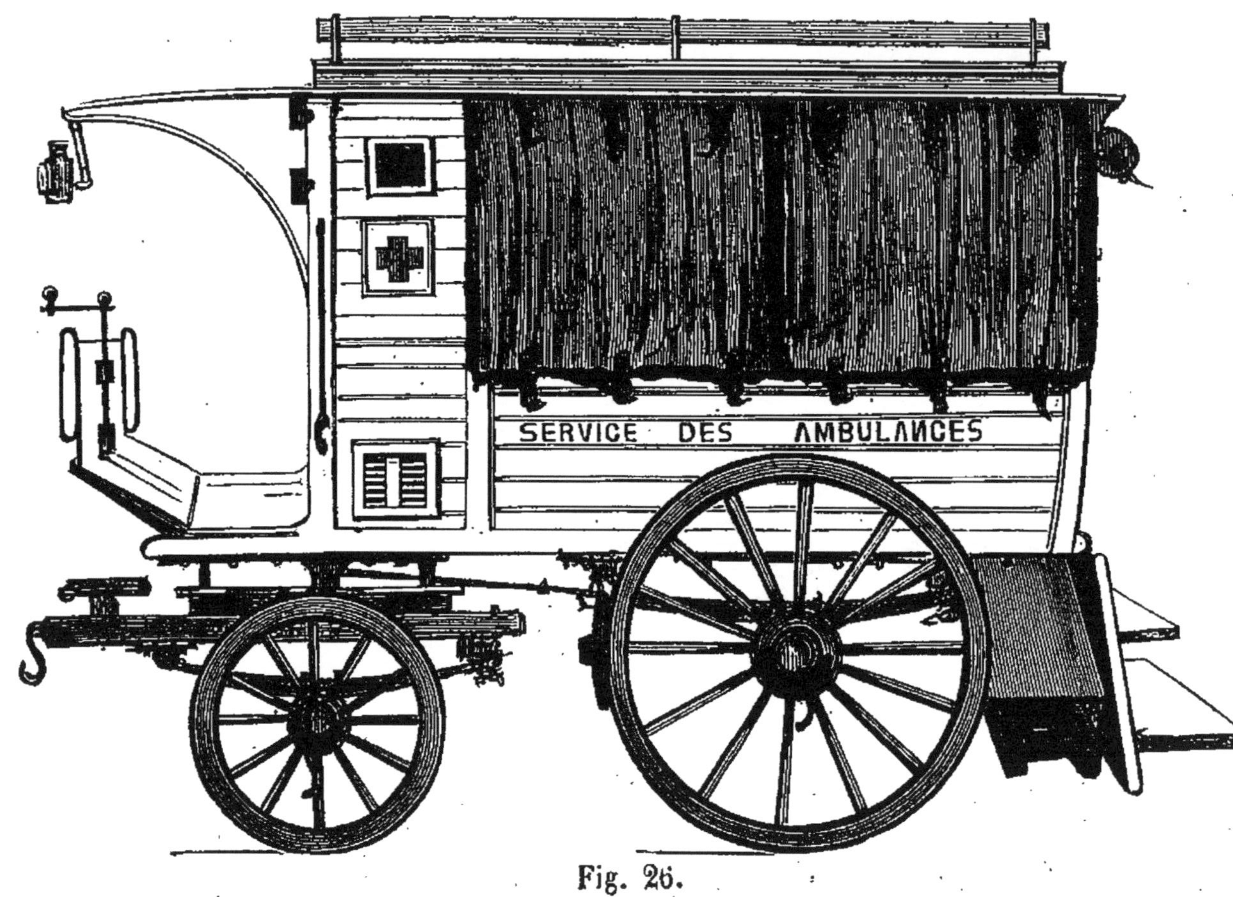

Fig. 26.

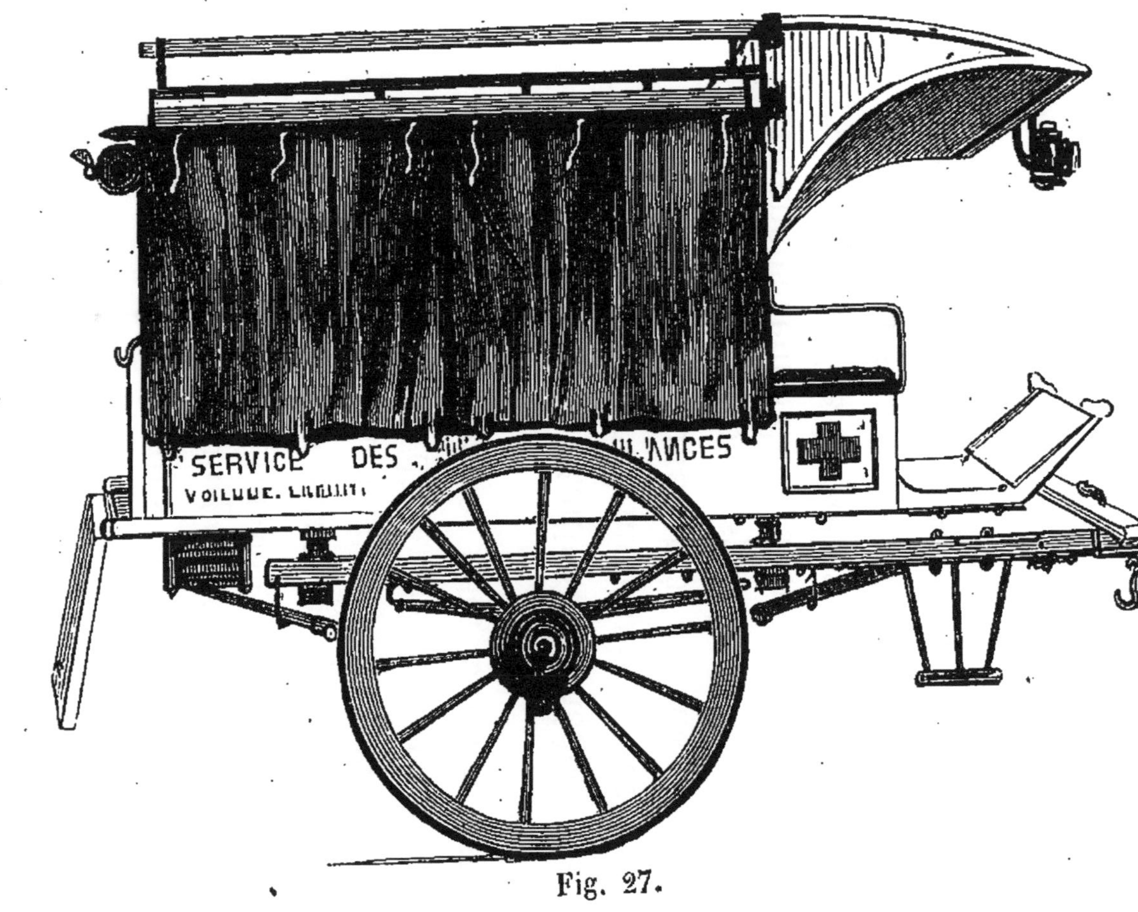

Fig. 27.

mant deux plans superposés. Les malades assis se placent sur deux banquettes, parallèles aux parois latérales de la voiture. Les banquettes sont mobiles, et, lorsqu'on doit transporter des malades couchés, elles sont relevées et maintenues par des verrous contre les parois. Par suite de cette disposition, les malades peuvent être assis d'un côté de la voiture et couchés de l'autre. Leur nombre est alors de sept.

Dans l'axe longitudinal et médian de la voiture sont deux montants en fer qui supportent, à droite et à gauche, deux crampons qui correspondent à deux crampons semblables, suspendus aux parois latérales de la voiture et destinés à recevoir les montants des hampes des brancards. Ces montants sont mobiles et ont un point d'appui sur le plancher de la voiture. Ils se relèvent et s'attachent au plafond quand on ne s'en sert pas.

Deux rails sur lesquels glisse un double

chariot, maintenu par une chaînette, sont fixés au plancher de la voiture (fig. 28).

85. — *Voiture à deux roues*. La voiture légère d'ambulance ne contient que deux brancards, qui sont placés sur le même plan et suspendus comme dans la voiture omnibus. Elle n'a pas de banquettes pour recevoir des malades assis. Le mode de suspension des brancards est le même que pour la voiture à quatre roues (fig. 29).

Chargement de la voiture à quatre roues.

86. — *Soins préliminaires*. La voiture placée le plus avantageusement possible pour permettre le chargement par l'arrière, le conducteur relève les rideaux qui sont en avant et sur les côtés de la voiture, et les maintient avec les courroies. Il abaisse le marchepied et les deux montants en fer, qu'il fixe en abattant les ressorts des tenons d'arrêt. Il s'assure que les crampons qui doivent supporter

Fig. 28.

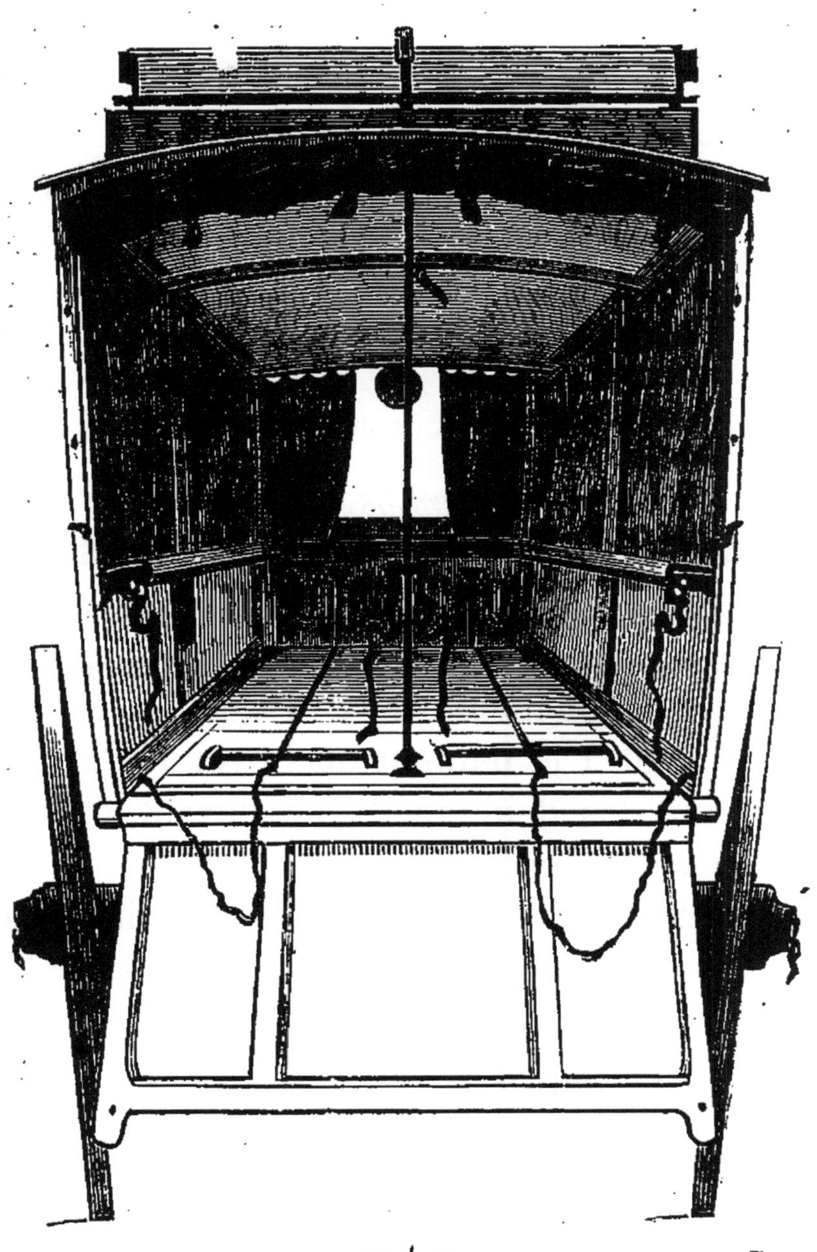

Fig.[!] 29.

7.

les brancards sont solides et bien assujettis.

Le chef brancardier place le chariot roulant de droite à l'extrémité postérieure du rail, et examine si la chaînette est libre.

Transport de malades couchés.

87. — 1er *Temps*. Le brancard, qui a été déposé à quelques pas en arrière de la voiture, la tête du malade en avant, est saisi par quatre brancardiers qui, au commandement de : *Enlevez*, le soulèvent à la hauteur de la voiture et placent les deux pieds de devant dans le chariot roulant.

2e *Temps*. Les deux brancardiers qui sont en arrière, au commandement de : *Poussez*, dirigent doucement le brancard jusqu'à l'extrémité antérieure du rail.

3e *Temps*. Les deux autres se portent rapidement sur le siège de la voiture, et chacun d'eux prend la poignée de la hampe qui lui correspond.

En même temps, les brancardiers restés en arrière de la voiture, montent sur le marchepied, saisissent les hampes du brancard, et, au commandement de : *Enlevez*, soulèvent le brancard avec ensemble jusqu'aux crampons-supports les plus élevés.

Au commandement de : *Placez*, les poignées des hampes sont mises dans les quatre crampons.

4e *Temps*. Les brancardiers s'assurent que le brancard est bien suspendu, et, au commandement de : *Bouclez*, ils l'assujettissent dans les supports en bouclant les courroies.

Au commandement de : *Rompez*, ils descendent de la voiture.

Le chef brancardier, qui doit tenir une des extrémités postérieures du brancard et rester toujours en arrière de la voiture, commande les mouvements.

88. — La même manœuvre est successivement répétée pour le chargement des autres malades. Le deuxième est couché au-dessous du premier ; le troisième et le quatrième sont placés du côté opposé et dans le même ordre.

Transport de malades couchés et de malades assis.

89. — Lorsque l'un des côtés de la voiture doit être occupé par des malades assis, la banquette est abaissée et les blessés, aidés par un des brancardiers, y prennent place. Les plus malades montent les premiers. On réduit leur nombre à quatre, s'ils sont gravement atteints.

Transport de malades assis.

90. — Si l'on n'a à transporter que des malades assis, les deux banquettes sont abaissées et les deux montants de fer qui supportent les crampons sont relevés et fixés au plafond par des courroies. Le chargement des malades se fait comme il vient d'être dit.

91. — Le chargement de la voiture étant complété, le marchepied est relevé et l'arrière de la voiture est fermé.

Les rideaux de la voiture sont déroulés, et, selon la température et les prescriptions des médecins, ils sont hermétiquement fermés ou entr'ouverts. Les bretelles des brancards sont placées dans le coffre du siège du conducteur.

Chargement des armes et des effets.

92. — Après le chargement des blessés, on place avec ordre, sur l'impériale de la voiture, les armes, les effets de chaque malade et les brancards de la voiture qui sont disponibles. Ils sont cordés et attachés par des sangles à la galerie de la voiture. On doit s'assurer préalablement que les armes sont déchargées.

Une échelle ployante, placée sous le marchepied et maintenue par deux tenons en fer forgé et une courroie, sert au chargement de ces objets.

93. — Avant de se mettre en route, on examine si la lanterne, placée au-dessus de la capote de la voiture, est pourvue d'une quantité d'huile et de mèches suffisante pour un trajet de nuit.

Déchargement de la voiture à quatre roues.

94. — *Soins préliminaires.* Le conducteur place la voiture de façon à en faciliter le déchargement. Il relève et replie les rideaux ; il abaisse le marchepied.

Le chef brancardier constate que le chariot est placé au fond de la voiture et que la chaînette est libre.

Déchargement des malades couchés.

95. — 1er *Temps.* Ces préliminaires terminés, deux brancardiers se placent sur le siège de la voiture, tandis que deux autres se portent en arrière.

Au commandement de : *Débouclez*, les quatre brancardiers déroulent les courroies qui fixent dans les crampons le brancard du plan inférieur.

2e *Temps*. Au commandement de : *Enlevez*, ils dégagent les hampes des crampons et déposent le brancard doucement sur le plancher de la voiture, en mettant les deux pieds de devant dans le chariot.

3e *Temps*. Les brancardiers qui sont derrière la voiture, au commandement de : *Tirez*, amènent le brancard jusqu'à l'extrémité postérieure du rail. En même temps, les deux autres se portent en arrière et chacun saisit la poignée de la hampe qui lui correspond.

4e *Temps*. Les quatre brancardiers, au commandement de : *Soulevez*, enlèvent avec ensemble le brancard. Au commandement de : *Marche*, ils s'éloignent de la voiture, et, après avoir fait quelques pas, déposent sans secousse le brancard à terre, au commandement de : *Halte, Posez.*

Le malade est ensuite transporté par deux brancardiers sur le point qui leur est désigné.

96. — La même manœuvre est répétée pour le déchargement du malade qui occupe le plan supérieur du même côté, et successivement pour les autres.

Déchargement des malades assis.

97. — Les blessés assis descendent un à un. Ils sont aidés par un brancardier qui est sur le marchepied, puis accompagnés jusqu'à leur destination par un ou plusieurs brancardiers.

98. — Lorsqu'il y a des malades couchés et des malades assis dans la même voiture, on commencera par enlever ceux qui sont couchés, à moins que les malades assis soient assez valides pour sortir facilement de la voiture.

Déchargement des armes et des effets.

99. — Le déchargement des malades opéré, on débarrasse l'impériale des armes, sacs et autres effets, qui sont remis aux brancardiers qui doivent accompagner les malades.

Le conducteur de la voiture veille à ce que les brancards appartenant à la voiture y soient replacés.

Chargement de la voiture à deux roues.

100. — Le chargement des malades dans la voiture légère d'ambulance s'exécute comme celui des malades couchés dans les voitures à quatre roues.

Les bretelles des brancards sont placées dans le coffre de la voiture.

CHAPITRE VII

VOITURES IMPROVISÉES POUR LE TRANSPORT DES BLESSÉS

101. — A la suite des grandes batailles, le nombre des voitures d'ambulance est souvent insuffisant. Il faut recourir, pour le transport des blessés, aux voitures régimentaires, aux fourgons destinés aux approvisionnements de l'armée, aux voitures de toutes sortes : calèches, breaks, tapissières, charrettes, etc., qu'on se procure par réquisition.

On les dispose le mieux que l'on peut pour que les blessés y soient commodément et n'aient pas trop à souffrir des cahots et des accidents de la route.

Les voitures sur ressorts sont les meilleures et doivent être réservées aux grands blessés.

Voitures pour les malades assis.

102. — Les blessés capables de voyager assis sont mis dans des voitures pourvues de sièges. On en organise, au besoin, avec des bancs, des planches qui sont placés transversalement ou le long des parois latérales du véhicule, et que l'on fixe ou que l'on suspend, à l'aide de cordes, de courroies ou par d'autres moyens; on se sert aussi de bottes de paille.

Voitures pour les malades couchés.

103. — Les voitures affectées aux blessés qui ne peuvent être transportés que couchés sont garnies de matelas, de paillasses ou seulement de paille ou de foin, sur lesquels on étend une couverture, un manteau ou une capote. On égalise préalablement, s'il y a lieu, le fond de la voiture avec des planches.

Suspension des malades dans les voitures.

104. — Le transport dans des voitures non suspendues est pénible et fatigant pour des malades. On doit essayer d'y remédier, autant que possible, et suppléer au manque d'élasticité de la voiture en disposant intérieurement une sorte de lit suspendu. Les voitures dont les parois latérales sont à claire-voie ou à ridelles se prêtent particulièrement à ce mode d'installation.

Il y a plusieurs manières de s'y prendre :

105. — 1° En faisant passer une corde d'un côté à l'autre de la voiture et en entre-croisant les anses, on établit au-dessus du fond de la voiture un filet sur lequel on place une ou plusieurs planches, qui sont recouvertes d'un matelas ou, à son défaut, de foin ou de paille.

106. — 2° La corde, étant fixée au bord supérieur d'une des ridelles de la voiture, est passée sous le bord inférieur de la ridelle opposée pour être ramenée au bord supérieur de la première, à peu de distance de son point de départ. En continuant, on forme ainsi un treillage dans toute la longueur de la charrette. On fait de même avec une autre corde qui, partant du bord supérieur de la deuxième ridelle, embrasse le bord inférieur de la première.

De cet entre-croisement résulte un double treillage qui forme, au milieu de la voiture, un hamac qu'on consolide en fixant, avec une troisième corde, tous les points d'entre-croisement. On place sur ce lit improvisé quelques planches qui en constituent le fond, et qu'on recouvre de paille, à défaut de matelas (fig. 30).

107. — 3° On suspend dans la voiture, avec des cordes, des barres transversales, au nombre de trois ou quatre, sur lesquelles sont placées longitudinalement des planches qui forment un fond

Fig. 30.

mobile que l'on garnit de foin ou de paille.

108. — 4° On peut suspendre aussi de la même façon un brancard, une civière, dans une charrette ou un autre genre de voiture.

Une disposition plus simple consiste à tendre sur le dessus du chariot une couverture, un double drap, un double rideau, etc., qu'on recouvre ensuite d'un matelas, d'une paillasse, ou à défaut d'un lit de foin ou de paille.

On a conseillé, pour augmenter l'élasticité de la suspension, l'emploi de crochets à ressorts qui, fixés aux parois de la voiture, supportent la litière du blessé. Ces appareils peuvent rendre des services, mais leur emploi ne s'est pas généralisé.

109. — S'il est avantageux que le lit ou le brancard, sur lequel doit reposer le blessé, ait une certaine mobilité qui amortisse les secousses produites par les cahots de la voiture, il est nécessaire cependant que cette mobilité soit limitée, surtout latéralement, afin que le blessé ne vienne pas heurter les parois de la voiture.

110. — Les blessés doivent être couchés sur les voitures avec les précautions qui ont été indiquées. Les parties lésées seront soutenues et maintenues dans l'immobilité. La tête sera suffisamment élevée.

111. — Les voitures ouvertes seront recouvertes, pour préserver les blessés du soleil, de la poussière ou de la pluie, de bâches ou de toiles soulevées par des cerceaux ou de branchages fréquemment renouvelés.

TABLE DES MATIÈRES

TITRE PREMIER

Organisation et fonctionnement du service des brancardiers.

CHAPITRE PREMIER.

CONSIDÉRATIONS GÉNÉRALES

CHAPITRE II

ORGANISATION DU SERVICE DES BRANCARDIERS

CHAPITRE III

FONCTIONNEMENT DES BRANCARDIERS SUR LE CHAMP DE BATAILLE

TITRE II

Secours à donner aux blessés sur le champ de bataille.

CHAPITRE PREMIER

SOINS GÉNÉRAUX

CHAPITRE II

SOINS A DONNER DANS LES CAS D'HÉMORRAGIE

CHAPITRE III

SOINS A DONNER DANS LE CAS DE FRACTURES

TITRE III

Relèvement et transport des blessés.

CHAPITRE PREMIER

RELÈVEMENT DES BLESSÉS

CHAPITRE II

TRANSPORT AVEC LE BRANCARD

CHAPITRE III

CHAPITRE IV

TRANSPORT A BRAS D'HOMME

CHAPITRE V

TRANSPORT A DOS DE MULET

CHAPITRE VI

TRANSPORT AVEC LES VOITURES D'AMBULANCE

CHAPITRE VII

VOITURES IMPROVISÉES POUR LE TRANSPORT DES BLESSÉS

Paris. — Imp. Ve P. Larousse et Cie

PARIS. — IMPRIMERIE Vve P. LAROUSSE ET Cie
19, RUE MONTPARNASSE, 19

www.ingramcontent.com/pod-product-compliance
Ingram Content Group UK Ltd.
Pitfield, Milton Keynes, MK11 3LW, UK
UKHW021043230726
13926UKWH00004B/1637

9 782013 394574